Hänsel und Gretel

Ein Märchen der Brüder Grimm

Bilder von Bernadette

Vor einem großen Walde wohnte ein armer Holzhacker mit seiner Frau und seinen zwei Kindern; das Bübchen hieß Hänsel und das Mädchen Gretel. Er hatte wenig zu beißen und zu brechen, und einmal, als große Teuerung ins Land kam, konnte er auch das tägliche Brot nicht mehr beschaffen.

Wie er sich nun abends am Kamin Gedanken machte und sich sorgte, sagte seine Frau zu ihm: «Weißt du was? Wir wollen morgen in aller Frühe die Kinder hinaus in den Wald führen, wo er am dicksten ist: da machen wir ihnen ein Feuer an und geben jedem noch ein Stückchen Brot, dann gehen wir an unsere Arbeit und lassen sie allein. Sie finden den Weg nicht wieder nach Haus, und wir sind sie los.»

«Nein, Frau», sagte der Mann, «das bringe ich nicht über's Herz.» Aber die Frau schalt ihn einen Narren und sagte: «Dann müssen wir alle viere verhungern», und ließ ihm keine Ruhe, bis er einwilligte.

Die zwei Kinder hatten vor Hunger nicht einschlafen können und alles gehört. Hänsel tröstete Gretel, schlich sich vor's Haus und steckte so viele weiße Kieselsteine, die im Mondlicht glänzten, in sein Rocktäschlein, als nur hinein wollten. Dann ging er zurück, sprach zu Gretel: «Sei getrost, liebes Schwesterchen, und schlaf nur ruhig ein, Gott wird uns nicht verlassen», und legte sich wieder in sein Bett.

Noch ehe die Sonne aufgegangen war, kam schon die Frau und weckte die beiden Kinder: «Steht auf, ihr Faulenzer, wir wollen in den Wald gehen und Holz holen.»